CAMPAGNE DE FRANCE
1870-1871

LA 1ʳᵉ LÉGION

DES

Mobilisés de la Seine-Inférieure

Du 26 Novembre 1870 au 7 Mars 1871

PAR

Le Colonel LAPERRINE

COMMANDANT LA LÉGION.

MONTPELLIER

TYPOGRAPHIE DE BOEHM & FILS, IMPRIMEURS DE L'ACADÉMIE
Place de l'Observatoire.

1871

Au Général ESTANCELIN.

C'est à vous, mon Général, que je dédie ce petit ouvrage : à vous qui nous avez montré l'exemple du vrai patriotisme, en sacrifiant votre repos et votre bien-être à la défense du pays, et en organisant ces légions de Mobilisés qui, s'inspirant de vos sentiments, ont accompli des actes de dévouement que des intrigants, jaloux de vos succès, sont parvenus à annihiler.

Sourd à de lâches attaques, vous n'avez pas borné là votre mission, et nous vous avons vu partager les fatigues et les dangers de ceux que vous auriez pu livrer, sans forfaire à l'honneur, aux chefs que vous leur aviez donnés.

A vous enfin, qui m'avez facilité l'occasion de servir de nouveau mon pays, en me confiant le commandement d'une aussi belle et aussi bonne Légion que celle de Rouen,

Remerciements et reconnaissance.

A. LAPERRINE.
colonel

INTRODUCTION

Quand on peut baser la vérité sur des faits, il n'y a pas besoin d'être éloquent pour les produire ; c'est aussi sans autre prétention que celle d'avoir été le témoin oculaire de ses actes, que j'entreprends l'historique — un peu abrégé, mais que je compléterai plus tard — de la 1re Légion des Mobilisés de la Seine-Inférieure (arrondissement de Rouen), pendant le temps que j'ai eu l'honneur de la commander.

Je tiens à prouver que cette Légion — déjà admirablement organisée par le général Estancelin et le colonel Duquesnay, quand j'en ai pris le commandement — a toujours fait son devoir, non-seulement devant l'ennemi, mais encore en supportant courageusement les privations et les fatigues de toutes sortes qu'elle a eu à endurer pendant les longues et pénibles marches qu'elle a dû faire de Rouen à Saumur, où elle a été licenciée. Je lui dois aussi ce témoignage public de satisfaction, et prouver qu'elle avait le droit de compter sur la justice du Gouvernement, car cette première Légion, qui est une de celles, je ne crains pas de le dire hautement, qui ont le plus fait pour la défense du pays, est pourtant rentrée dans ses foyers sans avoir obtenu la moindre récompense.

Je n'ai pas failli, pour mon compte, à ce devoir, naturellement imposé par la justice et la reconnaissance : j'ai demandé ; mais soit oubli, soit insouciance de la part du ministère de la guerre, la déception n'en est pas moins flagrante. Le Pays jugera, et il saura que, sous la République comme sous l'Empire, il ne suffit pas de bien servir son pays et conquérir des droits à sa reconnaissance pour obtenir la récompense de ses services, mais qu'il faut encore savoir être intrigant.

CAMPAGNE DE FRANCE

1870-1871

J'étais receveur des finances à Domfront (Orne) quand, le 13 novembre 1870, je reçus de M. le général Estancelin, commandant en chef les gardes nationales des départements de la Seine-Inférieure, de la Manche et du Calvados, la dépêche télégraphique suivante :

« Le général Briand m'a dit que vous seriez disposé
» à offrir votre concours à la défense nationale; je puis
» vous proposer pour colonel de la légion de mobilisés
» de Rouen. Acceptez-vous ? Réponse urgente. »

Ma réponse fut immédiate et affirmative ; mais pour pouvoir accepter le poste d'honneur qui m'était offert, je dus me conformer à la décision du Ministre des finances à cet égard, et demander ma mise en disponibilité, qui fut prononcée par arrêté du 25 novembre.

Le 18, je reçus l'avis de ma nomination, et le 22 l'ordre du général Estancelin de partir immédiatement pour Rouen.

Je quittai Domfront le 25 novembre, et le 26 je prenais à Rouen le commandement des huit bataillons composant la légion ; les 1ᵉʳ, 2ᵉ, 3ᵉ et 5ᵉ bataillons étant disséminés dans le département de la Seine-Inférieure et dans celui de l'Eure, je ne trouvai à Rouen que les 4ᵉ, 6ᵉ, 7ᵉ et 8ᵉ bataillons.

Le 29 et le 30, je passai la revue de ces quatre bataillons dans les casernes, et je dois dire que je fus profondément émotionné et satisfait de trouver de véritables soldats bien tenus, ayant déjà presque tous fait la guerre, et pour chefs d'anciens officiers de l'armée très au courant de leur service. La bonne impression déjà produite dans mon esprit par leur attitude toute militaire, se confirma bien davantage quand je vis que des acclamations enthousiastes succédaient à la volonté ferme que je leur exprimais de maintenir une discipline sévère, et au désir que je leur manifestais de les conduire bientôt à l'ennemi, car je les jugeais prêts. De ce jour, je n'hésitai plus à dire à qui voulait l'entendre, et au général commandant la division lui-même, que j'aborderais l'ennemi avec tout autant de confiance, à la tête de mes mobilisés, que je le faisais autrefois à la tête de mes chasseurs d'Afrique. Ils ne tardèrent pas du reste à me prouver, ces braves mobilisés de Rouen, que je les avais bien jugés.

Le 2 décembre, je reçus l'ordre de partir pour Buchy avec les quatre bataillons cantonnés à Rouen. Embarqué dans le chemin de fer à 10 heures du soir, j'arrivai le 3 à 7 heures du matin à Buchy, où je trouvai M. le commandant supérieur Mouchez. Après un repos de quelques heures, pendant lesquelles je reçus les instructions verbales du commandant Mouchez, je partis à la tête de mes quatre bataillons de mobilisés, d'un bataillon de mobiles des Hautes-Pyrénées, d'un escadron du 3ᵉ hussards et de deux pièces d'artillerie, pour occuper le village de Roquemont, situé à 8 kilomètres ouest de Buchy, m'y installer et surveiller l'ennemi qui était en marche sur Neufchatel. J'arrivai à Roquemont à 3 heures; je pris position, j'établis mes cantonnements et mes grand'gardes: la nuit se passa sans événements.

Le 3ᵉ bataillon, commandant Devertz, m'avait rejoint le 3 au soir à Roquemont et je l'avais installé à Critot, extrême gauche de ma ligne de bataille.

Le village de Roquemont était complétement dépourvu de vivres: je dus réquisitionner des farines dans les environs, ainsi que de la viande, et faire confectionner du pain par des boulangers pris dans les troupes sous mes ordres.

Le lendemain 4 décembre, à l'aube du jour, j'entendis tonner le canon à droite et à gauche de mes positions: il était évident pour moi que l'affaire était engagée, non-seulement à Buchy sur ma droite, mais encore à Clèves en arrière de ma gauche; je n'avais cependant pas encore reçu aucun ordre. Je fis prendre les armes et pris position en avant du chemin de fer, pour être prêt à tout événement.

A 8 heures et demie seulement, je reçus l'ordre suivant du commandant supérieur Mouchez, établi à Buchy :

« M. le colonel Laperrine portera ses troupes sur Saint-
» Martin ; elles seront accompagnées de deux canons
» venus de Tremblay et éclairées par un escadron de ca-
» valerie; l'artillerie marchera sur la grand'route de
» Neufchatel et l'infanterie sera divisée en trois colonnes

» sur les routes qui passent par Petit-Roquemont, la
» Prée et Valmenier.

» Arrivé à Saint-Martin, se mettre sur ses gardes, les
» troupes se soutenant et les canons regardant la Bou-
» zière ; envoyer une faible reconnaissance sur Saint-
» Saëns. Les cavaliers se renseigneront sur la force de
» l'ennemi qui peut se trouver à proximité ; une fois
» éclairées, les troupes se retireront par la Maison-Rouge
» et Petit-Roquemont pour l'artillerie, et par la Prée et
» Critot pour l'infanterie. Tout ce corps se dirigera sur
» Saint-Georges, sur Fontaine, en passant par Cailly et
» Fontaine-le-Bourg.

» *Le Commandant supérieur*,
» Signé : MOUCHEZ. »

Je pris immédiatement mes dispositions et me mis en route, bien que l'ennemi me fût signalé à 3 kilomètres ; j'étais en droit de supposer qu'un mouvement général offensif était ordonné sur toute la ligne par le commandant supérieur ; mes ordres furent donnés dans cette éventualité. Mais je ne veux pas anticiper, et le rapport officiel que j'ai adressé après l'affaire, et que je reproduis *in extenso* ci-après, donnera tous les détails de l'action.

Avant de reproduire ce document, je tiens à donner copie de l'ordre de retraite que je reçus pendant que j'étais aux prises avec l'ennemi, et dont voici la teneur :

« Repliez tout votre monde immédiatement sur la
» route de Rouen, que vous quitterez à Port-Galant, pour
» aller à Saint-Georges, Fontaine, en passant par Saint-
» André.

» *Le Lieutenant-Colonel*,
» Signé : DE BEAUMONT. »

Rapport sur le combat de Roquemont, le 4 Décembre 1870.

Monsieur le Commandant supérieur,

Parti samedi 3 décembre de Buchy, à 11 heures du matin, avec quatre bataillons de mobilisés de la Seine-Inférieure, un bataillon de mobiles des Hautes-Pyrénées. un escadron du 3ᵉ hussards et deux pièces d'artillerie, je me suis rendu d'après vos ordres à Roquemont, où je m'établis ; j'installai le 4ᵉ bataillon des mobilisés de la Seine-Inférieure à Beaumont, sur la droite de la route de Neufchatel et à deux kilomètres de Roquemont; le 6ᵉ bataillon de mobilisés, dans un hameau dépendant de Roquemont, situé sur la route au passage du chemin de fer ; le 7ᵉ et le 8ᵉ bataillon de mobilisés, dans le village de Roquemont, où je m'installai moi-même, ayant l'artillerie et le bataillon de mobiles des Hautes-Pyrénées comme garde, en arrière de mes positions ; j'étais éclairé par les grand'gardes des 4ᵉ et 7ᵉ bataillons à environ deux kilomètres sur la route de Saint-Martin, de Saint-Saëns et de Bradiancourt. Dans cette situation j'étais complètement couvert, et la nuit du samedi au dimanche se passa sans événements.

Le 3ᵉ bataillon de mobilisés m'ayant rejoint, je le cantonnai dans le village de Critot, situé sur la gauche de mes positions, complétant ainsi ma ligne de défense du côté de Clèves.

Le lendemain dimanche, j'entendais très-distinctement le canon dès l'aube du jour, à la droite et à la gauche de mes positions; à la droite, du côté de Buchy, que vous occupiez, et à la gauche vers Clèves, que je ne savais pas être occupé; et bien que cette dernière position fût en arrière des miennes, d'après la carte, il m'était permis de supposer, vu les ordres que j'avais reçus la veille, qu'un mouvement en avant s'effectuait résolûment. Je fis en conséquence prendre les armes à toutes mes troupes et fus m'établir sur trois colonnes en avant du chemin de fer, d'où je dominais tout le terrain entre Roquemont et Saint-Martin.

Mes suppositions se réalisèrent, car à 8 heures et demie je recevais votre ordre écrit, m'enjoignant d'aller occuper Saint-Martin, de m'y établir et d'envoyer de là une reconnaissance sur Saint-Saëns.

Je disposai mes colonnes d'attaque, plaçant le 4ᵉ et le 7ᵉ bataillon de mobilisés sur trois lignes de tirailleurs en avant, et à 500 mètres de la tête de colonne des pelotons de soutien, lesquels se trouvaient eux-mêmes à 200 mètres de la tête de mes trois colonnes de marche. Ma colonne du centre, composée du bataillon de mobiles des Hautes-Pyrénées, de l'artillerie et des bagages, marchait sur la route de Roquemont à Saint-Martin; la colonne de gauche, composée du 8ᵉ bataillon de mobilisés, marchait à 250 mètres de la colonne du centre avec des flanqueurs qui la couvraient à 150 mètres environ; les mêmes dispositions étaient prises pour ma colonne de droite, formée avec le 6ᵉ bataillon de mobilisés; l'escadron du 3ᵉ hussards se tenait à ma disposition sur l'un des flancs de la colonne du centre.

Ainsi organisé, j'ordonnai la marche et fis prévenir les commandants des 4ᵉ et 7ᵉ bataillons qu'il s'agissait d'attaquer l'ennemi s'il se présentait, et que notre objectif était le village de Saint-Martin, que j'avais l'ordre d'occuper. A peine en marche, l'ennemi me fut signalé ; je le rencontrai en effet embusqué dans les bois à 5 kilomètres environ de Roquemont ; je me portai sur la ligne des tirailleurs et je pus évaluer sa force approximativement à 2000 hommes d'infanterie, 14 pièces de canon et un ou deux escadrons de cuirassiers blancs ; une ferme paraissait être fortement occupée.

Je donnai l'ordre d'attaquer, et après avoir essuyé le premier feu avec un sang-froid vraiment remarquable, mes tirailleurs se portèrent résolûment en avant, ripostant avec des armes bien inférieures cependant à celles de l'ennemi. Ce premier élan apprécié, j'étais certain d'arriver à Saint-Martin avec tous les honneurs de l'affaire : deux compagnies du 4ᵉ bataillon se préparaient même à se lancer sur trois mitrailleuses qu'elles avaient approchées dans le bois, quand votre ordre de me replier immédiatement sur Rouen m'est parvenu. Ce mouvement de retraite, généralement mal interprété par mes troupes, a occasionné un peu de désordre, et j'ai dû me porter, de ma personne, des tirailleurs aux têtes de colonne, pour exiger le calme et le ralentissement du pas qui menaçait de devenir trop précipité ; je l'ai obtenu sans grands efforts, mais le 4ᵉ bataillon, qui était très-engagé, a eu beaucoup à souffrir de ce mouvement rétrograde inopiné.

Dans le mouvement offensif, je n'avais pas convoqué le 3ᵉ bataillon, établi à Critot depuis la veille au soir, parce que je devais le rencontrer à mon retour de Saint-Martin et le rallier dans ma retraite sur Saint-Georges.

Je n'ai pas été suivi par l'ennemi dans ma retraite ; arrivé à Roquemont, je me suis mis en colonne sur la route de Rouen, laissant le 6ᵉ bataillon à l'arrière-garde.

Le 4ᵉ bataillon a eu à essuyer le feu de 7 pièces de canon en enlevant la ferme qui était occupée par l'ennemi; ses pertes ont été sensibles. Il a eu un officier tué[1], deux officiers blessés, cinq hommes tués, vingt-deux blessés et trente-deux disparus. Le 7ᵉ bataillon a eu deux hommes blessés; le 6ᵉ bataillon trois hommes blessés.

Je crois devoir vous signaler le courage et l'intrépidité de tous mes hommes, qui voyaient, pour la plupart, le feu pour la première fois; mais je dois plus particulièrement citer la conduite des chefs de bataillon Gramarre du 4ᵉ, et Lucas du 7ᵉ; des capitaines Dubreuil et Houël; du lieutenant Fouquet, et des gardes mobilisés Queret et Ange Lonfroy, tous du 4ᵉ bataillon.

En résumé, tous les officiers et soldats ont fait leur devoir; la légion de mobilisés que j'ai l'honneur de commander a prouvé qu'elle pouvait figurer hardiment à côté de nos plus vieilles troupes.

Je vous demanderai la croix de la Légion-d'honneur pour le commandant Gamarre du 4ᵉ bataillon, et la citation à l'ordre de l'armée pour tous les autres mentionnés plus haut.

Agréez, Monsieur le Commandant supérieur, l'assurance de ma considération la plus distinguée.

Le Colonel des Mobilisés commandant la brigade à Roquemont.

A. LAPERRINE.

---

[1] Le sous-lieutenant Borgnet, qui avait été laissé pour mort sur le champ de bataille, et dont la conduite à l'ennemi avait été au-dessus de tout éloge, est rentré depuis dans ses foyers horriblement défiguré. Une proposition pour la croix de la Légion-d'honneur a été faite pour lui : elle était bien gagnée.

Après une marche des plus pénibles, les bataillons, qui ne s'étaient pas reposés depuis huit heures du matin, arrivèrent à sept heures du soir derrière les tranchées établies à six kilomètres en avant de Rouen, et y prirent position.

Je fus mandé à Rouen par le général Briand, commandant la division, pour assister au Conseil de guerre où devait se décider le sort de Rouen.

Ma mission n'est pas de dire ce qui s'est passé pendant ces deux heures suprêmes, si ce n'est que je revendiquai l'honneur de défendre Rouen à outrance avec les mobilisés, qui n'auraient pas mieux demandé, certain que j'étais de leur assentiment; mon opinion prévalut, et j'emportai l'ordre du général de division pour occuper les positions qui devaient être attaquées les premières le lendemain.

Quelle ne fut pas ma satisfaction quand, malgré les fatigues de la veille, je vis les mobilisés prendre leurs dispositions de combat avec une joie qui faisait préjuger, sinon le succès, du moins une mort glorieuse.

Que se passa-t-il à quatre heures du matin? Je le sais et le dirai plus tard dans un écrit que je destine à la justification du brave général Briand; mais tout était changé et l'ordre de battre en retraite nous était transmis : la tête basse et la larme à l'œil, les mobilisés traversèrent Rouen pour le livrer à l'ennemi. Je n'étais pas à la tête de mes bataillons, j'avoue que je n'en eus pas le courage : je les attendis en dehors de la ville.

Nous fûmes coucher le 5 à Pont-Audemer, longue étape rendue surtout pénible par le manque de vivres, le mauvais état de la chaussure des hommes, et le manque d'ordre dans la marche; les mobilisés la supportèrent avec courage, car ils espéraient en un retour offensif, que rendait possible notre direction sur le Havre. Le 6, nous fûmes coucher à Honfleur, et le 7 nous débarquions au Havre, où nous retrouvâmes le 3e bataillon, qui avait été laissé sans ordres à Marome, et qui dut à son énergique commandant de ne pas avoir été fait prisonnier par les Prussiens. Le commandant Devertz, qui a été détaché avec son bataillon une partie de la campagne, lui doit de publier ses actes qui, je le sais, ont mérité souvent de justes éloges.

Notre installation au Havre fut difficile : l'encombrement des troupes arrivant de tous côtés rendait le logement impossible ; on dut bivouaquer sur les places et dans les grands établissements. Les lignes de défense étaient déjà occupées par des troupes suffisantes, et à ne pas devoir prendre l'offensive sur Rouen, c'était priver la France d'un contingent utile, que de conserver dans cette place du Havre plus de 40,000 hommes, tandis que 25,000 auraient parfaitement suffi. Mais le dictateur de la contrée, M. le sous-préfet Ramel, en jugeait autrement: peu lui importait le reste de la France, pourvu que le Havre restât vierge et inoccupé par les Prussiens ; aussi eût-il conservé sans discernement 100 et 150,000 hommes, si on avait voulu les lui donner. C'est avec ces idées qu'il fut l'instigateur de troubles regrettables que l'autorité militaire aurait dû réprimer énergiquement ; l'on va du reste en juger.

Le Ministre de la guerre, reconnaissant l'inutilité d'une agglomération de troupes aussi considérable au Havre, enjoignit, par dépêche télégraphique, au général Briand, de partir du Havre pour Cherbourg avec 5 à 6,000 hommes de troupes. Deux brigades furent formées, et je reçus l'ordre d'embarquer avec la 1re brigade, dont le général m'avait donné le commandement, et qui se composait de cinq bataillons de mobilisés de la Seine-Inférieure, du 2e bataillon de marche et des francs-tireurs rouennais.

Les moyens de transport manquant, je ne pus m'embarquer le 9 au soir, à bord de *l'Hermione*, qu'avec les 4e 7e et 8e bataillons de mobilisés, et laissai les 3e et 6e bataillons de mobilisés, ainsi que le reste de la brigade, pour un second embarquement.

J'étais déjà à bord quand, à l'instigation du sous-préfet Ramel qui trouvait que 35 000 hommes ne suffisaient pas pour défendre le Havre, la population se porta devant le logement du général Briand, et voulut exiger de lui le débarquement des troupes et l'annulation des ordres déjà donnés pour le départ des autres troupes. M. Ramel, qui était à la tête du mouvement, voulut donc que le général Briand désobéit formellement aux ordres reçus du Ministre de la guerre, ce qui n'était pas possible ; et il fallait pour cela qu'il connût bien peu le caractère militaire du général auquel il s'adressait. Cependant, pour éviter tout conflit, le général Briand, à qui le Ministre laissait la latitude de diminuer le chiffre des troupes à embarquer, s'il le jugeait opportun, accorda la demande du sous-préfet pour ce qui concernait les troupes non encore embarquées ; mais il signifia que son départ, ainsi que celui des troupes embarquées à bord de *l'Hermione*, s'effectuerait. La foule se retira ; le général arriva à bord à minuit, et nous levâmes l'ancre le lendemain matin à sept heures, au moment de la marée.

Appelé au commandement d'une brigade, je nommai

M. Devertz, chef du 3ᵉ bataillon, commandant des bataillons de mobilisés compris dans la 1ʳᵉ brigade sous mes ordres, commandement qu'il a toujours conservé jusqu'au jour du licenciement, à Saumur.

Arrivés à Cherbourg le 10 au soir, nous y séjournâmes le 11 ; des distributions de campement et de souliers dont les hommes manquaient furent faites.

Le 11 décembre, je reçus l'ordre de partir le lendemain pour Saint-Sauveur-le-Vicomte. Embarqués le 12 dans le chemin de fer, nous arrivâmes à la gare de Montebourg, située à 12 kilomètres de Saint-Sauveur, à sept heures du soir, et, vu l'heure avancée, nous couchâmes au village, situé à peu de distance de la gare.

Le 13 au matin, les trois bataillons se mirent en marche pour aller à Saint-Sauveur, où l'ordre nous fut donné à l'arrivée d'aller occuper le camp de Besneville, situé à 6 kilomètres de Saint-Sauveur, sur un point culminant qui dominait les marais servant de défense naturelle au pays Cottentin.

Du 14 au 27, les bataillons de mobilisés firent partie du camp de Besneville, où 8,000 hommes de toutes armes se trouvaient réunis, et dont le général Briand m'avait donné le commandement ; le commandant Devertz était investi des fonctions de major du camp ; toutes les troupes étaient sous la tente.

La neige ne discontinua pas de tomber pendant tout le temps de notre séjour au camp ; la température se maintint entre 5 et 7 degrés au-dessous de zéro ; le pain et les vivres ne furent régulièrement donnés que le cinquième jour ; l'eau se trouvait à 1 kilomètre du campement des hommes ; le bois se coupait, à mesure des besoins, dans les forêts voisines, et brûlait difficilement ; le terrain était détrempé, et la paille manquait; les hommes couchaient dans la boue ; en un mot, tout était réuni dans le camp de Besneville pour favoriser l'indiscipline, et, je dirai même plus, pour provoquer à la révolte. Tous les jours l'on ne voyait que des brancards transportant des malades à l'ambulance ; les nuits, des bourrasques de vent très-fréquentes enlevaient les tentes-abris ; et loin de toute habitation, les hommes, la plupart sans chaussures, n'avaient d'autres ressources pour se réchauffer que de se promener et de courir. A la suite d'une tempête qui eut lieu dans la nuit du 26 au 27 décembre, la plus grande partie des tentes furent enlevées, l'ordre de lever le camp fut donné ; mais les tentes-abris durent être abandonnées, car elles étaient tellement gelées qu'il fut impossible de les plier sur le sac. Malgré toutes ces souffrances, je dois dire, à la louange des officiers et des soldats de la 1re légion de mobilisés, que je n'eus pas à sévir. Des plaintes légitimes me furent adressées: je n'avais pas le pouvoir d'y faire droit; mais je fus assez heureux pour inspirer suffisamment de confiance et obtenir que l'on attendit dans le calme et dans des conditions les plus défavorables, la solution de l'autorité militaire supérieure.

Je dois ici des éloges au commandant Devertz, aux chefs de bataillon et aux officiers qui, en supportant les privations et les souffrances atmosphériques au milieu de leurs soldats, les ont maintenus dans l'obéissance et le devoir.

Le 27, tout le camp fut levé, et ayant reçu du général en chef l'ordre de rester à Besneville pour présider au barraquement du camp avec le bataillon de mobiles d'Ille-et-Vilaine cantonné dans le village, les mobilisés furent dirigés sur Valognes sous les ordres du commandant Devertz, et y furent cantonnés.

Pendant le séjour au camp de Besneville, les mobilisés ont perdu 18 hommes de la petite vérole, et à cette occasion il est de toute justice de signaler le dévouement du chirurgien-major et des aides-majors de la légion, qui ne reculèrent devant aucun sacrifice ni aucune fatigue pour les soins à donner aux malades. Je dois aussi signaler le dévouement vraiment remarquable de M. le curé de Besneville, qui avait aidé puissamment à l'installation d'une ambulance dans les écoles du village, et qui avait mis son presbytère à la disposition des médecins.

Le 5 janvier 1871, je fus nommé commandant des troupes à Valognes, et chargé de veiller à la concentration de la 2ᵉ division du 19ᵉ corps, dont je pris provisoirement le commandement.

Je retrouvai là mes trois bataillons de mobilisés complètement réarmés de fusils à longue portée, faisant l'exercice quatre heures par jour, malgré la neige qui ne cessait pas de tomber depuis leur arrivée; la plupart étaient encore pieds nus, car l'intendance n'avait pas encore pu leur procurer des chaussures, souvent promises mais jamais envoyées; cependant, pas de plaintes, peu de punitions et beaucoup d'entrain. A Valognes, comme à Besneville, les mobilisés furent encore très-éprouvés par l'épidémie de la petite vérole.

La cour martiale fut très-souvent convoquée pendant notre séjour à Valognes; plus de trente condamnations furent prononcées, et je dois dire que pas un mobilisé de la Seine-Inférieure ne s'était mis dans le cas d'être traduit à sa barre. C'est encore au zèle et à la fermeté du commandant Devertz, que j'avais nommé commandant de place, et des officiers de tous grades, que la 1re légion de Rouen doit de n'avoir perdu aucun de ses soldats par suite de condamnations capitales ou infamantes.

L'ordre de rejoindre l'armée de la Loire me fut donné le 14 janvier, et après avoir fait embarquer toutes les troupes de la 2e division, je partis le 16 janvier 1871 avec les bataillons de mobilisés, à destination d'Argentan (Orne), où nous arrivâmes le 17 au matin.

A peine débarqués, l'avis nous fut donné que les avant-postes étaient attaqués. Les bataillons de mobilisés furent les premiers rendus sur le terrain de l'action, et je me rappelle avec bonheur les cris enthousiastes de : Vive la France ! poussés unanimement par tous les gardes mobilisés, quand je passai, avec le général de division, devant le front des bataillons.

Le 18 au matin nous partîmes d'Argentan pour aller occuper Falaise : étape de 22 kilomètres.

Le 19, nous repartions de Falaise pour venir occuper de nouveau Argentan, où les Prussiens s'étaient présentés la veille.

Ces deux journées de marche furent d'autant plus pénibles et fatigantes, que le mouvement s'effectuait en présence de l'ennemi et que, très-mal chaussés, nos hommes durent, en grande partie, marcher dans des terrains détrempés et des bois où ils se mettaient les pieds en sang.

La position d'Argentan ayant été reconnue comme un des points stratégiques des plus importants, le 19e corps reçut l'ordre du général Chanzy d'occuper fortement les lignes qui formaient l'extrême gauche de l'armée de la Loire. La 2ᵉ division du 19ᵉ corps reçut l'ordre d'occuper Argentan et ses environs.

Le général de division Gérard, nommé au commandement de la 2ᵉ division, organisa ses deux brigades, et, par son ordre du jour du 20 janvier, me confia le commandement de la première brigade. J'avais sous mes ordres les 4ᵉ et 5ᵉ qui nous avaient rejoints à Argentan, 7ᵉ et 8ᵉ bataillons de mobilisés de la Seine-Inférieure; 22ᵉ bataillon de chasseurs à pied, de marche, et le 64ᵉ régiment de marche. Le même jour et par le même ordre, le commandant Devertz était de nouveau confirmé dans le commandement des bataillons de mobilisés.

La première brigade occupait les positions suivantes au nord-est d'Argentan, en face de l'ennemi, dont on apercevait les avant-postes : 64ᵉ de marche à Chambois ; 8ᵉ bataillon de mobilisés de Rouen, commandant de Lavaust, à Bourg-Saint-Léonard; 7ᵉ bataillon, commandant Lucas, à Urou, où se trouvait l'état-major de la brigade et de la légion ; 5ᵉ bataillon à Silly ; 4ᵉ bataillon, commandant Gamarre, à Aunou-le-Faucon ; et le 22ᵉ chasseurs à pied, de marche, à Argentan. La ligne de bataille de la 1ʳᵉ brigade occupait une longueur d'environ 11 kilom., défendue et surveillée par le 64ᵉ de marche, les 4ᵉ et 8ᵉ bataillons de mobilisés de la Seine-Inférieure, qui se trouvaient en première ligne.

J'ai été souvent menacé d'être attaqué par l'ennemi, dont les reconnaissances sont souvent venues jusqu'à portée de pistolet de mes avant-postes, et je dois dire que si j'ai failli être surpris une fois du côté de Chambois, j'étais toujours prévenu à temps du côté de Bourg Saint-Léonard et d'Aunou-le-Faucon, où je trouvais les dispositions de défense prises quand j'arrivais. Je ne m'étendrai pas davantage; mais je saisis cette occasion pour dire de nouveau hautement : que si Chambois, occupé par le 64ᵉ de marche, m'a occasionné des craintes et m'a fait passer plusieurs nuits à cheval, la droite de mes positions, occupée par les mobilisés de la Seine-Inférieure, ne m'a pas donné le moindre souci, bien que l'ennemi fût partout et en vue. L'opinion émise par l'ennemi lui-même m'a prouvé que j'avais raison de compter sur la vigilance des chefs du 4ᵉ et du 8ᵉ bataillon.

Le 1ᵉʳ février, je fus envoyé en parlementaire à Gacé, pour discuter avec le commandant prussien sur l'interprétation erronée qu'il donnait au texte de l'armistice ; d'officielle, notre conversation devint plus intime, et je pus emporter l'appréciation suivante du commandant prussien sur la manière dont mes lignes étaient gardées : *« De Bourg Saint-Léonard à Almenèches, le service de vos avant-postes était très-bien fait, et ce n'est pas de ce côté que j'aurais jamais tenté une surprise. »* Cet éloge a son mérite et peut se passer de commentaires.

Les conditions de l'armistice rendant Argentan terrain neutre, nous devions donc l'évacuer. Le 4 février, je reçus l'ordre de me diriger avec ma brigade sur Falaise. Partis d'Argentan le 5 à 7 heures du matin, nous arrivions à 3 heures de l'après-midi dans les cantonnements désignés par le général de division, et occupâmes les villages de Guibray, Vesneville, Saint-Martin, Saint-Pierre, les Loges, Corday, Mesnil-Villevent, les Iles-Bardel et Fourneaux. Le séjour dans ces cantonnements ne fut pas exempt de privations de toutes sortes et de souffrances physiques occasionnées par le manque d'approvisionnements et la mauvaise installation des troupes; mais les épreuves et les fatigues n'étaient pas finies. Le 11 février, nous reçûmes l'ordre de départ pour aller sur la Loire. Jusqu'à ce moment, la présence de l'ennemi avait stimulé les hommes et les avait forcés pour ainsi dire à des efforts suprêmes dans la marche, pour ne pas tomber en son pouvoir; aussi, cette crainte disparaissant, je me mis en route le 12 février, avec la douloureuse appréhension que je n'arriverais pas avec la moitié de mon monde à destination ; mais, Dieu merci, je me suis trompé : j'avais à tort suspecté l'énergie des mobilisés de Rouen; et c'est avec bonheur que je pus constater que, malgré la pluie et les longues étapes, tout le monde avait répondu à l'appel à Saumur.

L'itinéraire suivant que nous avons parcouru en douze jours, et que les lecteurs pourront suivre sur la carte, prouvera ce qu'ont dû souffrir des hommes peu habitués à la marche.

Partis de Falaise le 12 février, nous fûmes coucher à Laferrière-aux-Étangs, où nous arrivâmes à 9 heures du soir, avec une pluie battante qui n'avait pas discontinué toute la journée; le 13 à Juvigny et à la Chapelle-Moche; le 14 longue étape, bivouaqués et cantonnés à Aron, près Mayenne; le 15 séjour à Aron ; le 16 à Saint-Jean, près Laval; le 17 à Saint-Sulpice; le 18 à Château-Gontier; le 19 à Lyon-d'Angers ; le 20 à Angers ; le 21 à la Menitré; le 22 à Saumur, et le 23 ma brigade fut cantonnée dans les villages situés au sud-est de Saumur, savoir : le 64e de marche à Épieds avec l'état-major de la brigade et du régiment; le 22e chasseurs à pied, de marche, à

Méron, et les mobilisés de la Seine-Inférieure à Saix, Rallé et Morton, où se trouvait l'état-major de la légion.

Cette marche, je pourrais dire forcée, avait épuisé les hommes, peu habitués et dépourvus en général de chaussures de rechange; il a fallu le bon exemple et la fermeté des officiers de tout grade pour que les mobilisés de la Seine-Inférieure se soient conduits comme ils l'ont fait dans cette circonstance, où le seul mobile qui pouvait les faire agir était le sentiment honorable du devoir accompli; aussi les voit-on figurer avec mention spéciale dans l'ordre du jour du général de division, daté de Méron, le 24 février.

Le 27 février était le dernier jour de l'armistice; l'ennemi était en vue, et nos avant-postes apercevaient, dès le 25, leurs reconnaissances; la reprise des hostilités était bien accueillie par la légion, les hommes étaient reposés et tout disposés à bien remplir leur devoir de soldat.

Le 26, la prolongation de l'armistice n'étant pas notifiée, l'ordre de nous replier fut envoyé, et avant minuit nous devions nous porter en arrière de nos positions, derrière le canal de Méron, et de là nous diriger sur Poitiers. C'est la première fois que j'ai entendu murmurer les mobilisés de Rouen, et que j'ai dû employer la menace pour les faire obéir. *Ils appelaient : fuir devant l'ennemi, l'exécution sans combat du mouvement que l'on ordonnait.* Comme chef, je ne pouvais tolérer ces manifestations de mécontentement; mais comme homme et comme soldat, je les comprenais, je dirai même plus, je les approuvais, dans la situation où nous étions derrière la Loire. Le mouvement de retraite était à moitié exécuté, quand l'ordre de rentrer dans nos anciens cantonnements nous fut donné sur les routes. Nous apprîmes en même temps la prolongation de l'armistice, et plus tard les préliminaires de paix.

Le 28 février, le général en chef commandant le 19e corps fit demander à tous les chefs de brigade des états de propositions réclamés par le Ministre de la guerre, qui voulait, disait l'ordre, récompenser les services rendus au pays. Je réclamai pour les quatre bataillons de mobilisés de Rouen cinq croix de la Légion-d'honneur, y compris celle que j'avais déjà demandée après l'affaire de Roquemont pour le commandant Gamarre, et que je n'avais pas obtenue, et six médailles militaires. Je ne crois pas avoir exagéré mes prétentions pour un corps qui, je le répète, s'était toujours montré à la hauteur de nos plus vieilles troupes, et qui avait beaucoup souffert pendant cinq mois d'un hiver des plus rigoureux.

Les mobilisés de la Seine-Inférieure n'ont rencontré qu'une seule fois l'ennemi à Roquemont, et ils l'ont forcé à reculer; s'ils se sont repliés, ce n'a été que pour obéir, à regret, aux injonctions du commandant en chef ; le mouvement de retraite s'est opéré du reste avec tant d'ordre que l'ennemi, croyant plutôt à une feinte qu'à une retraite sérieuse, ne nous a pas suivis ni inquiétés; nous en avons la preuve par la masse d'obus qu'ils ont lancés dans un bois qu'ils croyaient occupé par nous. S'ils ne l'ont pas rencontré depuis, c'est que le 19e corps n'a jamais eu à combattre; et, si l'occasion se fût présentée, je crois pouvoir dire qu'ils auraient fait leur devoir. Je n'ai qu'à citer du reste un passage de la lettre d'adieux du général de division, qui prouvera la confiance qu'il avait en eux :

« *La première brigade*, est-il dit dans cette lettre, *en était arrivée à ce point qu'elle aurait pu se présenter avec avantage sur un champ de bataille.* »

Avec de tels témoignages et le récit succinct des services rendus par les quatre bataillons de mobilisés que j'avais emmenés du Havre, l'arrondissement de Rouen peut dire hautement qu'il a largement payé sa dette à la défense nationale, et que cette dernière n'a pas payé la sienne à ces braves mobilisés qui ont tant souffert pour le pays.

Le 4 mars, l'ordre de licenciement des mobilisés de la Seine-Inférieure me fut transmis, en même temps que l'ordre de me rendre à Saumur avec le reste de la brigade, pour y maintenir l'ordre et la discipline. M. le commandant Devertz fut chargé de cette opération. Le 6 et le 7 mars, les quatre bataillons de mobilisés de la Seine-Inférieure quittaient Saumur pour rentrer dans leurs foyers à Rouen.

Il ne m'est pas possible de faire l'historique des bataillons dont je me suis trouvé séparé par des circonstances indépendantes de ma volonté, et j'adjure les commandants de ces corps détachés de publier, comme je le fais, la conduite de leur bataillon respectif, certain que je suis que la légion tout entière mérite la reconnaissance du pays et du département en particulier. Le chef-lieu a montré ce que valaient ses enfants, qu'on ne pourra pas taxer d'égoïsme : c'est la France qu'ils ont réellement servie; car de Rouen jusque derrière la Loire l'on trouve de leurs tombes pour constater leur dévouement désintéressé au pays. Et cependant les services des survivants sont méconnus !

Braves mobilisés de la 1re légion de la Seine-Inférieure,

vous avez été injustement traités par le gouvernement qui représentait le pays que vous aviez si bien servi : c'est vrai, je le proclame; et malgré cela vous oublieriez, j'en suis certain, vos justes ressentiments, s'il s'agissait de sacrifier de nouveau vos intérêts et d'abandonner encore vos familles pour courir à la défense de la patrie en danger! Je ne le désire pas, car nous avons trop besoin de repos; mais, le cas échéant, rappelez-vous ce que je vous ai dit dans mon Ordre de la légion du 3 mars 1871; et quoique citoyen du Midi, si de plus méritants que moi étaient appelés à vous commander, c'est dans vos rangs que j'irais, le fusil sur le dos, s'il le fallait, prouver une fois de plus que le cœur vraiment français est sourd à l'ingratitude et n'a pas besoin de récompenses pour faire son devoir. Encore une fois, nous aborderions l'ennemi ensemble, comme à Roquemont, aux cris de : France et Rouen! notre mot de ralliement.

Adieu, mes amis, votre vieux colonel qui ne vous oubliera jamais,

A. LAPERRINE.

Coursan (Aude), le 20 juin 1871.

www.ingramcontent.com/pod-product-compliance
Lightning Source LLC
Chambersburg PA
CBHW060610050426
42451CB00011B/2183